"[...] o tempo e o acaso afetam a todos."

Eclesiastes 9:11b

NA ENFERMARIA

Editora Impetus Ltda.
Rua Alexandre Moura, 51 – Gragoatá – Niterói – RJ
CEP: 24210-200 – Telefax: (21) 2621-7007

Gerência do projeto: Ingrid Nery
Editoração Eletrônica: SBNigri Artes e Textos Ltda.
Consultoria editorial: Marcos Simas
Assessoria editorial e copidesque: Bianca Joy Porte
Revisão de texto: Carlos Fernandes
Capa: Pamela Siqueira

www.impetus.com.br

Uma história real vivida por

WILLIAM DOUGLAS

NA ENFERMARIA

Um livro para médicos, enfermeiras, pacientes e familiares.

EDITORA IMPETUS

Niterói, RJ

2025

Dedico este livro a você, que me lê.

APRESENTAÇÃO DA EDITORA

Há textos que nascem do estudo, da disciplina, da intenção de ensinar. E há textos que nascem da dor — e, mesmo assim, são temperados com lucidez, humor e fé.

Na Enfermaria é um testemunho literário sobre fragilidade e cuidado. Ao mesmo tempo em que narra a perda de controle sobre a própria vida, restitui a dignidade do paciente e homenageia silenciosamente todos os que fazem daquele espaço — a enfermaria — um lugar de cura não só física, mas também espiritual e humana.

Com honestidade tocante e estilo próprio, William Douglas nos conduz por um diário de alma. Um texto que, ao invés de pedir pressa, convida à paciência e à presença. Como o tempo na enfermaria.

NOTA DO AUTOR

Este ano foi especial: após proferir minha primeira palestra na tradicional Universidade de Coimbra, planejei curtir as férias com esposa e filhos, cruzando não só Portugal, como também França e Itália. Tudo correu bem até a estadia em Veneza.

Saímos de Veneza em direção a Florença no domingo, dia 13 de julho de 2025. Logo cedo, comecei a sentir dores abdominais que aumentaram rapidamente de intensidade, seguidas de vômitos. Entreguei a direção do automóvel para minha esposa e começamos a procurar uma farmácia, depois um posto de saúde, no qual fomos orientados a buscar atendimento de urgência em um hospital em Bolonha ou Florença. Chegar lá não foi fácil – pegamos engarrafamentos e, finalmente, na noite daquele mesmo domingo, chegamos à emergência do Hospital Santa Maria Nuova, em Florença.

Fui medicado e a lancinante dor não cedia. Levaram-me para fazer uma tomografia e o doutor Emanuele, de plantão naquele dia, me deu a notícia: eu precisaria ser submetido de imediato a uma cirurgia, pois meu apêndice estava bastante inflamado. Às 0h30 de segunda-feira, fui levado à sala de operação. O apêndice supurou na mesa de cirurgia, fazendo com que os procedimentos relativos àquela intercorrência fossem necessários. A cirurgia foi rápida, durou menos de uma hora; e logo, eu estaria acordando na enfermaria.

Ali, começava uma semana inteira de desafios. A alta foi adiada mais de uma vez, uma delas em decorrência de um abscesso na região umbilical. No final, a alta ocorreu apenas no sábado à noite.

Os primeiros dias só serviram para que eu tivesse dor e tomasse medicamentos; mas, à medida que tinha um pouco mais de consciência, passei a gravar no celular aquilo que não queria mais esquecer. É isso que você está prestes a ler.

Este livro não foi planejado. Não nasceu de uma ideia, não foi projetado em seus detalhes editoriais, não teve prazos pré-estabelecidos de redação: ele foi concebido em poucos dias, em uma internação hospitalar. Surgiu entre agulhas, sondas, vômitos e dor. Foi escrito em cima de um leito, com o corpo machucado e a alma machucada. São reflexões de um tempo que parecia imóvel, no qual, mais uma vez, tive a sensação da perda de autonomia e de uma dependência que apenas quem foi internado pode saber como é.

Escrevi para mim, para eu não esquecer. E para você, com a esperança de que talvez, em algum momento, essas páginas possam também fazer companhia a quem esteja passando por uma enfermaria – literal ou simbólica.

Antes de tudo, quero que você, que me lê, saiba: pode não fazer sentido, mas sou muito grato por tudo que aconteceu, e a razão há de ser entendida durante a leitura. Espero que esta conversa possa trazer um pouco de reflexão, um pouco de consolo ou alívio para quem vive os desafios de uma enfermaria.

William Douglas

SUMÁRIO

TOMO I
NA ENFERMARIA

TOMO II

AMOR EM TEMPOS DE PROVAÇÃO

TOMO III

JÁ NO BRASIL

TOMO IV

ONDE TUDO ACONTECEU

TOMO I

NA ENFERMARIA

Parte 1

O tempo

Na enfermaria, o tempo, simplesmente não passa. Talvez, porque a mente insista em vagar: ela passeia pelos dias em que tínhamos saúde e nos traz ao pensamento os dias em que, com esperança, sonhamos voltar a tê-la. O tempo presente, por sua vez, parece rejeitado – e, por orgulho ou teimosia, recusa-se a seguir adiante. Os ponteiros do relógio só se movem quando são notados; e, mesmo assim, caminham devagar, muito devagar, como se soubessem que cada minuto, aqui na enfermaria, dura uma eternidade.

Einstein, talvez, desejasse ter uma cápsula inexpugnável à dimensão espaço-tempo. Quem sabe, nunca foi internado, ou se foi, estava distraído demais com suas equações.

Na enfermaria, o tempo não anda. Aqueles ponteiros, se não forem vigiados, parecem andar para trás. E, quando são vigiados, ficam imóveis, zombeteiros. Mas, não podemos reclamar, porque, no fundo, o que mais queremos – na enfermaria e na vida – é receber atenção.

Então, meu caro leitor, se posso, desde já, lhe dar um conselho, é este: preste atenção ao tempo, antes que ele pratique suas vinganças. Faça as pazes com ele, e tenha paciência. Na enfermaria, é o que precisamos.

Na vida, quase sempre também.

Parte 2

A dor pode ser necessária

Na enfermaria, a lógica se inverte: uma série de coisas ruins, desagradáveis e desconfortáveis são, na verdade, boas. Devem ser reconhecidas como cuidado, como tratamento. São essas coisas que permitem que você se livre da enfermidade.

Sem dor, não há cura, de fato. Ela vem na forma de uma sonda que invade o corpo, ainda que viole o símbolo máximo da virilidade. Na enfermaria, entram em nosso corpo coisas por onde só deveriam sair. E não para por aí: são incontáveis furos, muitos dos quais deixam hematomas. É a troca de acesso, porque uma veia decidiu descansar; é o braço que perde movimento para receber soro, antibiótico, remédio. É o corpo, que se recusa a cumprir comandos simples do cérebro.

E, por tudo isso, você precisa ser grato... Sim, grato pela dor e pelo incômodo. Na enfermaria, é preciso reaprender a lidar (de novo) com a perda da privacidade e agradecer por aquilo que nos machuca — algo que, em outro contexto, despertaria ódio, mas que aqui está para curar. E então, nasce a culpa. Culpa pelo corpo adoecido. Culpa por uma mente que reclama daquilo pelo qual você deveria estar agradecendo.

Parte 3

Como crianças

Na enfermaria, viramos crianças, pelo menos em parte. Depois de quase sessenta anos, lá estava eu, usando fralda novamente. Se isso já parece suficientemente infantil, saiba: ali, cada peido é comemorado como um gol, e uma mijada que não arde vale mais que seu time chegar na final da Copa. Flatulência, que em outros contextos é constrangedora e reprimida, ali é mais que bem-vinda, pois alivia dores abdominais. As crianças riem daquilo que os adultos aprendem a temer e a segurar. Na enfermaria, não; voltamos a rir dessas coisas também, porque, de algum jeito, elas são úteis – e são sinal claro de que ainda estamos vivos e nos recuperando.

E não é só isso. Como os bebês, nossas necessidades passam a dar mais trabalho aos outros do que a nós mesmos. Felizes são aqueles que podem urinar no local apropriado e têm capacidade de higienizar o próprio corpo, após atender suas necessidades fisiológicas. Coisas simples que só percebemos o valor quando as perdemos.

Na enfermaria, contudo, a sensação de impotência cresce. E, junto com ela, o incômodo que sentimos em relação à dependência. Porém, é justamente aí que a lição começa. E você lembra que é preciso ser grato.

Parte 4

Dependência

Na enfermaria, somos reapresentados à dependência — dependência dos outros, da ciência, da graça, do tempo, de tudo. Ali, não há Quociente de Inteligência, conta bancária, título acadêmico, fama ou posição social que resolva. Não há argumento bem construído, prestígio ou feito notável que livre o paciente das terapias, dos remédios e das decisões alheias.

A sensação de impotência diante da realidade de seu corpo restrito ao leito pode ser perturbadora, mas também é esclarecedora. A dependência nos ensina. Aqui, na enfermaria, você não é juiz, nem chefe, nem professor de nada. É apenas um corpo e uma alma que precisam ser cuidados.

Parte 5

Profissionalismo

Na enfermaria, lembrei dos meus plantões no quartel e na Polícia. Na maioria das vezes, eu torcia para que nada acontecesse; mas, de vez em quando, confesso: desejava que o caos escolhesse justo o meu turno. Que fosse comigo o crime impossível de resolver no dia seguinte, ou a tentativa de invasão quando eu estivesse na guarita e pudesse usar o fuzil. Queria que o pior problema tivesse que me enfrentar e mostraria para eles minha coragem e minhas habilidades.

Nos outros dias, a gente só quer descansar, ficar quieto, e torce para que nada aconteça, Mas há aqueles nos quais você torce para que o mundo vire de cabeça para baixo, só para... poder fazer alguma diferença.

Na enfermaria, não existe essa alternância. Aqui, sempre vai ter urgência. Sempre vai ter problema. Sempre vai ter alguém precisando. E não há escolha.

Não tem plantão tranquilo, em enfermaria. Por isso, aqui, ainda é preciso mais profissionalismo: ele é o que sustenta tudo. Você não espera desafios; eles sempre estão presentes. E o chamado é claro: faça o que tem que ser feito. "É meu trabalho", e basta lembrar disso. É compromisso. É vocação.

Passei várias noites difíceis, mas algumas foram suavizadas por gestos que não se esquecem. Num desses dias na enfermaria, dei muito trabalho a uma enfermeira. Quando seu plantão terminou, fui eu quem disse:

– Obrigado por ter tornado minha noite mais fácil. Eu sei que a minha foi mais fácil porque a sua foi mais difícil. Francesca era o seu nome. Sorriu e disse: "*Fique tranquilo, é meu trabalho*".

Na enfermaria, são os médicos, enfermeiras e toda a equipe que tornam sua dor suportável, ainda que à custa do próprio descanso. Eles tornam a sua noite mais fácil, porque a deles ficou mais difícil. Isso vale também, claro, para policiais, bombeiros, eletricistas, plantonistas da água, do gás, da energia... Gente que enfrenta o pior da madrugada para que o mundo continue rodando, mesmo que ninguém repare.

Os momentos que marcam não são só os difíceis, mas, também, aqueles em que acontecem coisas que importam e nos trazem um pouco de alegria. Foram vários; citarei dois, apenas — como aquele em que a enfermeira Marta insistiu até encontrar um jeito de me ajudar a falar com minha esposa. Foi no primeiro dia, eu estava tão alquebrado que desisti de tentar, mas ela não. E ela conseguiu! Outro, quando a enfermeira Pauline abria um sorriso toda vez que me via. Em um dos nossos breves diálogos, ouviu de mim que "o homem é frágil", e que os brasileiros são ainda mais: *troppo fragile*. Desde então, quase sempre que passava por mim, ela ria, ou sorria, ou falava *troppo fragile*, trazendo-me alegria com seu sorriso largo e franco.

Lembrei de um caso antigo. Eu era delegado em São Cristóvão, bairro da cidade do Rio de Janeiro, e houve um acidente com um ônibus cheio de crianças. Fui até o local. Um capitão bombeiro estava lá, junto com seus homens. Por um instante, fiquei admirando o capacete branco e dourado que o distinguia da tropa. Ele tirava uma criança de poucos anos dos destroços, quando me disse:

— Doutor... A gente ganha mal e ainda tem que ver isso. Criança sangrando...

Na hora, não soube o que responder, mas depois pensei no que teria dito, se tivesse a presença de espírito: Sim, podemos até ganhar mal. Mas, pelo menos, podemos ajudar essa criança.

Parte 6

Comparações

Na enfermaria, descobrimos que certas coisas ganham valor justamente porque passamos por elas. Entre uma pizza ruim e uma pizza boa, há um longo caminho. Mas, se, antes da pizza ruim, você passar por uma enfermaria... Deus sabe como até a pior das pizzas vai parecer um régio banquete.

Tudo na vida se transforma quando mudamos o ponto de comparação. E poucas experiências recalibram tanto os nossos critérios como uma internação hospitalar.

A enfermaria muda para melhor tudo que toca. Enfermarias são milagrosas.

Parte 7

Coleguismo

Na enfermaria onde fiquei, as enfermeiras andavam em pares, às vezes em grupos, circulando em silêncio. Sintonia. Era bonito de ver as mais experientes ensinando as mais novas — e as novatas, com atenção redobrada, aprendendo o ofício com humildade e cuidado. Ali, o zelo não era só com os pacientes; havia, também, cuidado entre eles, os profissionais da saúde. Gente ensinando gente a cuidar melhor de gente. E tudo isso para que, ao final, o saldo fosse um pouco mais positivo, um pouco mais humano.

Também fiquei impressionado com a hierarquia e o respeito recíproco entre médicos e enfermeiras, deixando visível a consciência do que é uma equipe onde todos sabem que cada um tem sua importância, cada qual em sua função.

Parte 8

Segurança

Na enfermaria, aprendemos que, seja qual for nosso ofício – juiz, professor, dentista, encanador, arquiteto, engenheiro, motorista –, precisamos saber bem o que fazer para passar segurança às pessoas, assim como médicos fazem conosco.

Parte 9

Culpa

Na enfermaria, a culpa vem forte. Culpa, culpa, culpa. Muita culpa. Culpa por já ter estado aqui, antes. Por já ter recebido essa aula, pisado nesse chão, feito essas mesmas orações anos e décadas atrás... Todas, cheias de mentiras para Deus, cheias de promessas tentando convencê-lo, todas pedindo cura. Mas você se esquece.

O tempo de saúde – longo e bondoso, graças a Deus – vai apagando as lições mais duras da enfermaria. A vida acelera. As prioridades mudam. E, sem perceber, vamos deixando para trás o essencial. A gente vai vivendo e deixa de perceber o quanto vale respirar, falar, esticar um braço, ter autonomia... Por isso, agradeço. Agradeço a Deus por essa "revisão de matéria". Aula difícil, mas muito, muito necessária.

A enfermaria sacode o pó dos livros que a vida vai escrevendo e que, no dia-a-dia, deixamos, esquecidos, num canto da estante ou nos escaninhos da mente. Há livros que não víamos havia muito tempo. Ali é um lugar que nos faz rever aprendizados que a correria nos rouba. E, confesso: tenho medo de esquecer de novo.Medo de que, mais à frente, precise de outra enfermidade para reaprender o que já me foi dito com tanta clareza, mais de uma vez. Em um dos meus livros, escrevi "5 poemas sobre hospital". Hoje, percebo que deveria tê-lo relido com mais frequência.

Este aqui, prometo que vou reler mês após mês, para não esquecer. Vai ficar na cabeceira, para que essa memória revisitada me faça ser mais grato pela saúde, sempre, todo dia. E mais empático com quem estiver na enfermaria. Mais atento com os que sofrem, enquanto eu trabalho ou me divirto. E, principalmente, mais grato por cada profissional que, de maneira visível ou imperceptível, transforma a enfermaria num lugar de cura: médicos, enfermeiras, auxiliares, faxineiros, motoristas, pessoal do laboratório, da tomografia, da cozinha, da portaria. Pessoas que carregam nas mãos não apenas instrumentos de trabalho, mas a parte que lhes cabe da cura– e da esperança – de tanta gente.

Parte 10

Memória

Será que fui eu o culpado? Será que precisei voltar aqui, passar por tudo isso, porque a vida queria me lembrar daquilo que já esqueci?

Não, por favor, não me tente me consolar com o discurso de que "essas coisas simplesmente acontecem". Não comigo. Sinto-me o homem mais abençoado – e de maior sorte – do mundo. Quando algo dá errado na minha vida, acredito numa de três possibilidades: ou foi culpa minha, ou foi lição para o meu aprendizado, ou Deus me mandou em uma missão.

Quando as coisas dão errado, pergunto a mim mesmo: o que posso aprender com isso? O que eu preciso fazer aqui, para fazer diferença para mim ou para alguém?Fui o culpado? Tenho algo a aprender? Tenho alguém a servir?

Preciso guardar na memória, sempre, estas perguntas.

Parte 11

Uniformes

Na enfermaria, também há uniformes. Os médicos vestem verde e gostam de variar as toucas – algumas delas, também verdes. As enfermeiras usam branco e, às vezes, camisas azuis. Já o pessoal do transporte veste laranja. Padres se vestem de padres, e freiras, de freiras. E os pacientes também têm uniforme – mas, aqui, de novo, tudo se inverte.

No futebol, o time usa a mesma camisa, os mesmos calções, e cada jogador escolhe suas próprias chuteiras. Na enfermaria, é o contrário: do joelho para cima, o paciente veste o que quiser; do joelho para baixo, todos seguem a mesma regra – as meias brancas são obrigatórias. As famosas "calças antitrombo", como dizem as enfermeiras.

Admiro todos os uniformes. No entanto, guardo uma empatia especial por aqueles que vestem o uniforme do joelho para baixo. Estes estão em campo para voltar ao campo. E isso me emociona.

A enfermaria é um CT - Centro de Treinamento, onde cada paciente luta, minuto a minuto, com esforço olímpico, para voltar a ser titular da própria vida.

Obedientes aos técnicos, disciplinados, persistentes – querem voltar a jogar o jogo lá fora. E esses atletas não devem nada, em virtude ou esforço, a nenhum outro. São como Lionel Messi, Novak Djokovic, John Arias, Bethany Hamilton, Ronaldo Fenômeno, Michael Phelps, Simone Biles Esses atletas da enfermaria jogam o jogo da vida para voltar à vida. De forma anônima. Silenciosa. Às vezes, choram; às vezes, gritam. Às vezes, sangram, mas permanecem — e permanecem, porque querem voltar a ser titulares. Mais uma vez. Porque aqui, o prêmio maior tem um nome: alta. Alta é o troféu. A medalha. O pódio. O recorde mundial. Alta é o gol, é o fim da prova, é o abraço do técnico. Alta é comemorada com família e amigos.

A alta é tudo.

Nesse time, há os que sofrem mais, os que sofrem menos – mas todos lutam pelo mesmo título, o único que todos almejam: a alta.

Parte 12

Carta para meu vizinho

(Carta que escrevi para meu vizinho de quarto na enfermaria, cuja cama estava ao lado da minha. Sei seu nome; mas, aqui, preservarei sua privacidade.)

“Senhor, antes de tudo, me permita expressar minha admiração pela sua força e determinação. Também peço desculpas pela ousadia de lhe escrever – não apenas pela situação delicada em que nos encontramos, mas também por respeito à sua idade e à luta que, visivelmente, é maior do que a minha. Pode parecer atrevimento, mas é com reverência que me aproximo.

Nestes dias em que dividimos o mesmo quarto, tenho observado, em silêncio, sua bravura. O senhor me lembra aqueles homens mais velhos dos filmes italianos – fortes, firmes e de poucas palavras.

O silêncio é por uma questão de saúde, eu sei; mas, tenho a impressão de que, mesmo em plena forma, o senhor é de falar pouco. O que vejo é garra. O senhor está sendo valente. E eu, mais novo, nada tenho a lhe ensinar. Contudo, se me permitir, olhe para mim como se eu fosse um filho — daqueles que, às vezes, fala demais, mesmo sem querer desrespeitar o pai.

Hoje de manhã, depois que o padre Raul rezou o Pai-Nosso comigo, tentou conversar com o senhor e acho que não encontrou muito espaço. Ele disse algo como: "Deus sempre está do nosso lado". Foi ali que senti vontade de lhe escrever esta carta.

Se eu estivesse enfrentando batalhas como as que o senhor enfrenta, talvez me perguntasse se o padre tem razão. Talvez duvidasse. Talvez me irritasse. Mas, com toda sinceridade, confesso: eu já fiquei com raiva de Deus. Muitas vezes. Se o senhor estiver sentindo isso, saiba que não está sozinho.

Eu entendo. Já me revoltei, já gritei, já questionei... E gostaria de conversar consigo sobre esse sentimento.

Outro dia escrevi que, no fim das contas, esses tantos furos que fazem na gente — agulhas, cateteres, cortes — acabam nos salvando. Aprendi isso, também, como pai: às vezes, dizemos "não" aos filhos, deixamos que enfrentem o mar, os tombos, as frustrações... E não porque amamos menos, mas porque queremos vê-los mais fortes.

Costuma-se dizer que os grandes generais mandam seus melhores soldados para as batalhas mais difíceis. A Bíblia diz que o ouro vai ao forno — e a gente sempre acha que o ouro deveria ser poupado, justamente por ser ouro. Mas, não. É ele que vai ao crisol. Metal fraco evapora, só os metais nobres aguentam o derretimento que precede a sua reconstrução. Apenas vira jóia quem está pronto para o fogo.

Assim, também, os melhores soldados enfrentam os combates mais impossíveis. Os generais devem lamentar fazer isso com seus melhores homens, mas precisam deles justamente nos lugares mais difíceis.

Vizinho, tudo isso pode soar como um monte de frases de efeito, mas essas reflexões expressam a vida como ela é. E, saiba: às vezes, elas também não fazem muito sentido para mim. É exatamente por isso que compartilho.

O maior de todos os cientistas, Isaac Newton, dizia:

> *Não sei como pareço ao mundo, mas para mim mesmo, pareço apenas um menino brincando na praia, divertindo-se ao encontrar de vez em quando uma pedrinha mais lisa ou uma concha mais bonita que o normal, enquanto o grande oceano da verdade se estende, inexplorado, diante de mim.*

Eu me sinto assim, pequeno diante do mistério.

Se me permite, compartilho um pouco da minha história... Minha mãe teve um câncer que a levou embora. Orei. Chorei. Supliquei. Prometi a Deus tudo o que imaginei que pudesse convencê-lo a curá-la. Ele me concedeu algumas coisas boas no processo, mas minha mãe morreu.

O que ficou foi a memória de uma mulher que lutou, minuto a minuto, para ficar mais um pouco conosco. Que preferiu cirurgias e enfermarias ao paraíso, só para estar perto do marido e dos filhos.

Ela, mesmo partindo, estava ali lutando e – com sua força silenciosa – me ensinando a ser um homem.

A gente sempre quer sair vivo. Mas nunca sabe se sairá. E mesmo assim, seguimos.

Tenho certeza de duas coisas:

1) O senhor é um homem forte. Muito forte.

2) Está ensinando coragem a mais gente do que imagina – a mim, a quem o visita e, até, a quem nem veio, mas sabe sobre sua luta.

É duro, eu sei. Às vezes, parece injusto ter que sofrer para outro crescer. Mas, não é sempre assim? Pais, mães, professores — todos queimam sua vela para iluminar o caminho de quem amam1.

---

1 "Há homens que são como as velas; sacrificam-se, queimando-se para dar luz aos outros." (Padre Antônio Vieira)

Deixe-me contar outro caso:

Pouco tempo depois, foi minha filha que teve uma doença considerada incurável pela medicina. Dessa vez, também orei. Eu estava orando junto com um amigo e, quando ele acabou de orar, ouvi claramente Deus dizer no meu ouvido: "Eu escutei essa oração."

No dia do início do tratamento, os exames mostraram: ela estava curada! Nenhuma explicação científica. Temos, até hoje, todos os laudos desse milagre. Já vi ou vivi outras experiências de curas milagrosas – e momentos nos quais o pedido de cura não foi atendido.

Nunca entendi porque Deus atende uns pedidos e outros, não. Poderia contar muitos casos de milagres, mas vou me limitar a dizer: eles existem. Meu sogro, recentemente, teve o mesmo câncer da minha mãe – e foi curado. Teve acesso ao melhor tratamento, mas nem sempre isso basta. Às vezes, mesmo com o melhor da medicina, as pessoas morrem.

Então, vizinho, o que quero dizer é que há algo muito além do que podemos entender. Não sabemos quando Deus vai nos ouvir – curar ou não. Porém, precisamos lembrar: Deus também disse "não" ao próprio Filho. Jesus, pregado na cruz, pediu que aquela dor passasse. Não passou. E Ele clamou: "Deus meu, Deus meu, por que me abandonaste?"

Como Jesus morreu sem pecado, sabemos que os momentos de dor e as reclamações sinceras não são pecado. E o Pai as acolhe como qualquer pai acolhe as queixas de um filho, sobretudo aquelas que vêm da dor do momento ou da limitação do entendimento.

A Lógica Formal e a Matemática, já na Idade Média, diziam que o finito não pode conter o infinito. Isto não é uma questão teológica, mas matemática. Só que podemos aproveitá-la para tentar entender Deus. Melhor, para entendermos que nunca vamos entender Deus.

Nossa mente, nossa capacidade, nossa visão, formam conjunto finito. Logo, nunca poderão conter um conjunto infinito. É como querer jogar todo o oceano em uma bacia, em um copo d'água. Nós nunca vamos entender. É por isso que é necessária a fé. O que podemos é acreditar e conversar com o Senhor. Ele responde, do seu modo.

A escritora Clarice Lispector, em um de seus livros, faz uma oração que diz: "Deus, permita que eu não te pergunte demais, porque as respostas seriam tão misteriosas quanto as perguntas."

Partindo disto, meu caro vizinho de enfermaria, acredito que a verdade é que nós nunca vamos entender nada sobre esse mistério que faz parte da vida e é a vida.

Termino com palavras do profeta Isaías, um homem que também conheceu a dor:

> *Meus pensamentos não são como os seus pensamentos, diz o Senhor.*
>
> *E meus caminhos são muito diferentes dos seus, como os céus são mais altos que a terra. Assim são meus caminhos mais altos que os seus caminhos, e meus pensamentos, mais altos que os seus pensamentos.*
>
> *Vocês viverão com alegria e paz. Os montes e colinas irromperão em canto, e as árvores do campo baterão palmas! Onde antes havia espinheiros, crescerão ciprestes; onde antes cresciam urtigas, crescerão murtas. (Isaías 55 – NVT)*

Vizinho, permaneça firme. O mundo precisa de homens fortes para funcionar bem. Meu sogro, Ademir, passou por agruras semelhantes às suas, e está conosco.

Que o senhor se recupere e continue ensinando a todos – até a este brasileiro – a fibra que construiu a Itália. E que o senhor faça as pazes com Deus.

Quando vocês dois estiverem acertados, será natural o senhor fazer o que faço e que me foi ensinado pelo meu pastor, Fabrini Viguier. Ele costuma dizer que, quando você não entender o que Deus está fazendo, confie em quem Deus é. E eu repito: não entendo o que está acontecendo. Mas sei quem Deus é – e sei o quanto Ele nos a e tem bons planos para nós. Aceite seu amor. Aceite sua salvação.

Não quero ser desrespeitoso, mas creia: o padre disse a verdade.

Parte 13

A cruz

E, quando há uma cruz na parede de um hospital cristão, isso ajuda. Ajuda, porque nos faz lembrar da dependência que temos de Deus — uma dependência que, quando estamos com saúde, nem sempre conseguimos compreender.

Parte 14

Escolhas

Então, vem uma ideia: A enfermaria é lugar de cura, e sempre fugimos dela. É um lugar de convívio com a enfermidade. Faz sentido alguém querer vir para a enfermaria? Ou querer algo que a preceda, como uma perna quebrada, um furo no peito? Não, ninguém são quer estar numa enfermaria. Nayara, minha esposa, vem por amor a mim. Vem para fazer o que pode. Esta equipe inteira vem por amor a um dos ofícios mais nobres que definem o sentido da humanidade: a cura. A irmã Alessandra e o padre Raul vêm inspirados no Cristo, na Virgem, em São Camilo. Todos, por amor, aqui exercem sua missão de curar ou contribuir para a cura. Mas querer estar aqui, como paciente... isso seria insano.

E, ainda assim, houve um amor maior, de quem escolheu a dor que antecede a própria enfermaria. A enfermaria é lugar de vida. Mas, alguém sabia que o "acidente" para o qual voluntariamente se dirigiu terminava em somente dor e morte. Como eu disse, ninguém quer ir para a enfermaria. Vai por amor ou por contingência, mas Jesus quis ir para algo ainda mais desafiador: tortura, crucificação e morte.

Minha mãe preferiu lutar contra o câncer do que pisar, de imediato, no paraíso. Jesus preferiu mais: sair do paraíso para pisar aqui. Com ou sem saúde, a vida é sempre feita de escolhas.

Parte 15

Conclusão

No fim das contas, a enfermaria apenas nos lembra daquilo que costumamos esquecer: que o tempo é relativo, moldável, teimoso, desobediente e inevitável. Que, no fundo, nunca deixamos de ser crianças. Que não somos autônomos, e que somos dependentes de Deus e dos outros. Que a vida simplesmente acontece, cheia de surpresas — boas e ruins — que nos cercam. Algumas, conseguimos provocar ou prevenir. Outras, não.

Por amor, escolhemos estar em lugares difíceis, só para tornar mais fácil o dia de alguém. E que Jesus, mais do que todos, escolheu, por amor, estar no meio de nós. Ele sempre quer estar do nosso lado. Ele diz que "está à porta e bate" e que, se alguém ouvir a sua voz e abrir a porta, ele virá para mais perto de nós.

Foram tantas as reflexões que, no fim, acabei distraído das minhas dores. Olhando a sua dor, meu caro vizinho, a da minha mãe, a da minha filha – e a do próprio Cristo –, sigo sem entendê-las e sem entender a minha. Contudo, me sinto parte de algo maior; algo que, um dia, vai terminar.

Um dia, tudo isso vai passar. A dor vai passar. A enfermaria vai passar... Por um tempo, a dor pode até ter nos quebrado, mas a coragem e o amor, se os escolhermos, permanecerão.

TOMO II

AMOR EM TEMPOS DE PROVAÇÃO

Jesus multiplicou pães e peixes. Nayara, minha esposa, multiplicou-se em quatro ou cinco esposas. Leônidas resistiu com apenas 300 em Termópilas; ela, sozinha, resistiu ao cansaço, ao medo e às tarefas múltiplas.

Thomas Edison multiplicou invenções; ela, soluções. Napoleão multiplicou batalhas; ela, gentilezas. Marie Curie multiplicou descobertas. Nayara multiplica esperança. Eu não sei como ela consegue multiplicar-se em cuidados, mãos, braços e paciência.

Gosto de algo que ouvi: amor não é sentimento, é escolha. Você não passa a amar quem cuida de você; isso pode acontecer ou não. Ora, quantos filhos são amorosamente cuidados e não amam seus pais ou mães? O que faz uma pessoa amar a outra é cuidar. Quem cuida, ama; quem cuida do outro irá desenvolver esse amor. Cuidar – isso sim – é que faz amar.

Na enfermaria – e no banheiro da enfermaria – Nayara fez por mim, com boa vontade, as coisas menos sexuais do planeta. E, justamente por isso, ela se tornou ainda mais plena. O cuidado fez a relação homem e mulher alcançar níveis mais elevados. É mais que paixão; é companheirismo, solidariedade. É o "estar junto" para o que for preciso.

É bom, para um homem emasculado, infantilizado, debilitado, olhar uma linda mulher e desejá-la de um modo tão profundamente espiritual, mas também tão ardente, que sinta vontade de voltar a estar bem. Deve ser muito ruim, 20 anos depois de achar "um homem pra chamar de seu", ver esse homem perigar partir.

Mas, não é só isso: ela quer continuar compartilhando a vida com o marido, o pai dos filhos, o sacerdote, o visionário, a pessoa que repetidas vezes renova a certeza de que tudo vai dar certo. Não sei exatamente pelo que chora, mas chora.

"Senhora", "*my goddess*", "*amore mio*", "*mon amour*", "gata" me perdoe. Sei que uma das minhas habilidades mais sofisticadas, para o bem e para o mal, é fazer você chorar. Mas, também, sei o antídoto: se abaixo a cabeça e olho as coisas com desânimo, você engole o choro e vira uma leoa.

Ou, para citar um filme que você gosta – *O Feitiço de Áquila* –, você vira Isabeau e me inspira a ter a força de Navarre. Quando você vira águia, me inspira a ter a força do lobo. Nossa *love story* tem a graça e a glória de já termos vencido qualquer feitiço ou inimigo, público ou íntimo: já dormimos juntos quase todas as noites. Amanhecemos juntos. Almoçamos juntos. Rimos. Criamos os filhos. Fizemos planos.

E, se a parte florentina e romana da idílica viagem não foi como planejamos, lembro: só filmes chatos dispensam o inesperado. As melhores montanhas-russas possuem curvas e *loopings* inesperados. Não há boas histórias sem viradas – as boas e, também, as ruins. No entanto, nessa grande jornada, nesse livro incompleto, nesse álbum de figurinhas, nesse filme em curso, já temos *spoiler* há bastante tempo: nós somos um caso de amor que deu certo.

Nessa parte inesperada do filme, querida, você multiplicou-se: sei que andas cuidando de seu trabalho profissional e, também, procura acionar e fazer funcionar os planos de seguro. Sei que cuida dos filhos, dando tudo, de passeios a boa comida. Sei que organiza as hospedagens, transfers e visitas ao Coliseu, repaginando as reservas na velocidade da sua esperança. Você lava minha roupa, traz comida e lenços que supririam vários de mim, se eu pudesse me multiplicar como você.

Você me fez ter mais esposas que meus amigos muçulmanos – e quase tantas quanto o rei Davi. Mas, você é tantas e é melhor.

Escrevo para pedir desculpas pelo choro que lhe causo, agradecer todo o trabalho e amoroso cuidado, e para alertar que tenho certos planos ao seu lado, : envelhecermos juntos.

Mas, mais que tudo, para dizer que amo vocês todas.

William Douglas

Gratidão

Cada gesto simples ganha uma dimensão nova quando você entende que amar é, fundamentalmente, escolher ficar. Escolher cuidar. Escolher se multiplicar quando o outro precisa — e saber que o outro fará o mesmo, se preciso. Quando Jesus multiplicou pães e peixes, não só alimentou o corpo, mas também a alma daquela gente: ensinou que o amor verdadeiro sempre encontra um jeito de ser suficiente, mesmo quando parece impossível.

TOMO III

JÁ NO BRASIL

Mensagem para uma estudante de enfermagem

No primeiro dia no Brasil, 22 de julho, comecei a escrever para as pessoas das quais eu tinha o e-mail. Primeiro, para o padre Raul; depois, para K., estudante de enfermagem. (Não cito seu nome por respeito à privacidade.)

O que importa aqui é falar sobre sonhos. Seguem as três mensagens curtas:

E-mail 1 – De William para K.

"Assunto: Agradecimento e confirmação do contato"

Bom dia,

Sou William Douglas, o paciente brasileiro que esteve internado recentemente no hospital. Escrevo esta primeira mensagem apenas para confirmar que o mês se aproxima.

Aproveito a ocasião para informar que já estou no Brasil. Estou bem e sou muito – e eternamente – grato pela atenção e o cuidado que me dedicaram. Se possível, peço gentilmente que compartilhe essa boa notícia com os demais membros da equipe. E, se puder, peço também que me confirme o recebimento deste e-mail. Muito obrigado.

Um grande abraço,

William Douglas

E-mail 2 – de K. para William

"Olá, William!

Obrigada por ter me escrito. Sou K., a estudante de enfermagem que fez parte da equipe durante a sua internação. Estou realmente feliz por você e por saber que está melhor. Desejo uma recuperação pronta e completa.

Hoje foi, na verdade, meu último dia de estágio no setor; mas, nos próximos dias, quando for possível, certamente compartilharei a boa notícia com os outros membros da equipe. Desejo tudo de melhor para você e uma contínua recuperação.

Um grande abraço,

K."

E-mail 3 – De William para K.

"Estimada K.,

Muito obrigado pela sua mensagem tão gentil. Foi um prazer conhecê-la e contar com o seu apoio durante minha internação. Seu profissionalismo, seu sorriso e sua delicadeza fizeram uma grande diferença naqueles dias difíceis e farão o mesmo em milhares de outras vidas ao longo de sua carreira.

Cada sorriso de cada um de vocês, médicos e enfermeiras, é como uma estrela, pois iluminam a noite na enfermaria. Cada gesto de cortesia e empatia é como um degrau de uma escada tão grande que pode levar o paciente até uma galáxia distante.

Gostaria de pedir, se possível, que você, além de falar com médicos e enfermeiras, também transmita meu carinho e gratidão à Irmã Alessandra e ao Padre Raul.

Sou muito grato a Deus por ter colocado pessoas como vocês em meu caminho.

Por fim, pessoas cristãs, como eu, não acreditam em coincidências. Justamente no momento de transição de uma fase da sua vida, Deus envia alguém do Brasil para dentro da enfermaria onde você atua — alguém com quem você compartilhou palavras sobre o futuro.

Eu creio que uma frase é capaz de mudar um destino. Às vezes, Deus manda pessoas do outro lado do mundo – ou inesperadas – para dizê-las. Não sei se é o caso aqui, mas direi o que acho pertinente. Só você pode saber quais frases ditas por alguém podem entrar na sua vida. E isso vale tanto para as boas quanto para as ruins.

Eu sei que você tem sonhos grandes, e todo mundo que sonha grande se pergunta, em algum momento, se é capaz ou não, se ainda dá tempo ou não. Como um homem sonhador de 58 anos, com muitos sonhos concluídos e outros por concluir, posso lhe contar algumas coisas:

1. Sonhar grande ou sonhar pequeno custa a mesma coisa, mas só os sonhos grandes movem nossa alma o suficiente para nos fazer seguir em frente nas horas desafiadoras;
2. Quando a gente sonha e trabalha com dedicação, as coisas vão acontecendo. Os sonhos não costumam resistir ao trabalho quando somamos a ele persistência e a busca pela excelência;
3. Esteja atenta para os sonhos que se escondem dentro de outros sonhos. Quando a gente trabalha bem, ou o sonho se realiza, ou acontecem coisas até melhores do que as sonhadas. Porque a vida tem um grau de

inesperado – como, por exemplo, era inesperado termos essa conversa.

4. Às vezes, Deus (ou a vida, se você preferir falar assim) usa nossa busca por um sonho para construir conquistas que sequer ousamos imaginar. É curioso que eu, como você já sabe, andei escrevendo sobre o tempo na enfermaria.E você também estava lá, não só para que eu pudesse falar sobre sonhos, mas também para me ajudar a ver o que eu ainda não tinha visto, até agora, já no Brasil.

Eu saí escrevendo focado nos sonhos dos internados e de seus familiares: o sonho de cura, seja própria ou de alguém querido. E você é um bom exemplo de que há outros sonhos acontecendo ali.

Vocês querem ajudar o paciente, mas estão ali, também, sonhando seus próprios sonhos, suas carreiras. No livro que estou finalizando, comparo as pessoas da enfermaria a jogadores de futebol.

Você mostrou que havia partes da metáfora que eu não tinha enxergado. Há outros "jogos" sendo jogados. A equipe médica está ali pelo paciente – são como técnicos e coaches – mas também estão jogando o jogo da sua própria história. E a gente, quando trabalha cuidando ou cuida dos outros, está, paralelamente, cuidando da nossa própria história de vida.

Eu, como magistrado, na verdade, não trabalho para o Poder Judiciário do meu país, mas para Deus (que me deu missões ali) e para mim mesmo, já que todos, cedo ou tarde, irão observar minha dedicação, lealdade e competência. Neste cenário, as relações administrativas, trabalhistas ou societárias, embora relevantes, não são o mais importante. O importante é quem somos nós, o que escolhemos, como fazemos nosso trabalho, em especial, quando ninguém está olhando. Isso tudo será conhecido cedo ou tarde, dirá de nós e, mais que isso: são as sementes que irão brotar e se multiplicar com o tempo.

Penso que não existem coincidências. Creio que Deus deixa o acaso apenas para aquilo que não é essencial. No que importa, Ele age. Deus está no controle de tudo. Ele conversa com a gente de diversas formas, E, principalmente, Deus ou nos dá sonhos, ou se alegra quando realizamos os nossos.

E é exatamente por isso que o nome desta parte é: sonhos.

Mais uma vez, agradeço a você pela sua atenção, sua dedicação e sua vontade de servir.

Que você tenha uma vida muito feliz.

Com apreço e gratidão,

William Douglas"

TOMO IV

ONDE TUDO ACONTECEU HOSPITAL SANTA MARIA NUOVA

Mensagem ao leitor

Se você chegou até aqui, já sabe que esta é uma história de dor, fé, reencontro e amor, e que tudo isso começou em uma cama, em um quarto, em um hospital.

Deixo aqui alguns fatos interessantes sobre o hospital onde vivi dias desafiadores e, também, transformadores.

Decidi incluir este apêndice, não apenas pela curiosidade histórica, mas por gratidão. O lugar onde tudo aconteceu – o Ospedale di Santa Maria Nuova *– não foi apenas cenário, mas também personagem.*

Achei justo dedicar a ele algumas palavras. À memória, à beleza, ao cuidado.

O hospital onde fui atendido em Florença, o *Ospedale di Santa Maria Nuova*, foi fundado em 1288. É considerado o hospital mais antigo do mundo em funcionamento contínuo. A instituição foi criada para cuidar dos pobres e doentes, unindo caridade cristã e organização urbana. Desde então, segue ativo, servindo à população – hoje, como parte do sistema público de saúde italiano.

É impressionante estar num lugar com tanta história, eainda em pleno funcionamento.

- **Algumas curiosidades sobre o Santa Maria Nuova:**

O hospital foi fundado por uma mulher, de forma indiretaReza a tradição que Folco Portinari, pai de Beatriz Portinari, a musa de Dante Alighieri, fundou a casa a pedido da filha, profundamente envolvida com obras de caridade.

- **Ligação com a Renascença:**

Durante os séculos XV e XVI, o hospital tornou-se um importante centro médico renascentista. Ali, atuaram médicos e cirurgiões renomados, como Leonardo di Bartolomeo Della Scala, e, também. ocorreram estudos pioneiros sobre anatomia. Era um lugar onde ciência e humanidade caminhavam juntas, exatamente como presenciei durante minha internação.

- **Obras de arte por todos os lados:**

O interior do hospital abriga valiosas obras de arte sacra, incluindo peças de Andrea della Robbia. A capela interna é belíssima e histórica. Muitos pacientes nem imaginam que estão cercados por preciosidadesdo patrimônio artístico florentino. Eu mesmo só descobri isso depois, pesquisando sobre o lugar que me acolheu.

- **Modelo de assistência integral (corpo e alma):**

Desde sua origem, o hospital combina cuidados médicos e espirituais – algo que vivi pessoalmente ao receber diariamente a visita do capelão. Essa tradição expressa a missão original da instituição: cuidar do corpo e da alma, especialmente dos mais necessitados.

- **Museu anexo:**

O hospital abriga, ainda, um pequeno museu, com instrumentos médicos históricos, registros de enfermaria e afrescos medievais.

EPÍLOGO

Um agradecimento, um epílogo, uma história que será esquecida, ou não.

Agora, de forma silenciosa, a história de minha vida passa por aqui.

Quase ninguém haverá de saber, mas depois de minha passagem por lá, há um pouco de William Douglas naquelas paredes, e um pouco delas em minha vida. Um brasileiro passou por lá, mesmo que ninguém venha a saber, e foi curado. Lá, lembrou de algumas coisas e aprendeu outras. Chorou pela madrugada e viu outros lutando por sua saúde; e viu, também, uma equipe enorme trabalhando pelo título almejado por cada paciente: a alta.

Faço parte, e faz parte de mim, esse lugar que há mais de sete séculos, dia após dia, vem salvando vidas e restaurando esperanças.

Não há como negar: foi criada uma conexão minha com Beatriz, aquela mulher que se importava com o próximo e pediu ao pai a criação de um hospital. E Deus sabe como nós, pais, queremos dar tudo que os nossos filhos pedem.

Estou conectado com Folco Portinari, pai amoroso. Será que estou atento àquilo que meus filhos pedem ou sonham?

Foi criada uma delicada sintonia minha com as freiras todas, com todos que passaram por esse hospital, até com a história da família Médici.

Até ontem, os Médici eram figuras dos livros de História e de um seriado no *streaming*. Agora, não mais. Eles, como patronos das artes, ciências e estrutura urbana florentina, investiram recursos significativos na ampliação e qualificação do hospital e no apoio aos médicos. Agora, sei mais sobre Lorenzo de Médici (Lorenzo, o Magnífico), um dos apoiadores da medicina e da assistência pública da cidade.

Não só pisei o chão onde Leonardo Da Vinci pisou: eu fui cortado no mesmo lugar onde ele, fazendo ciência, cortou corpos em busca do conhecimento sobre anatomia, a mesma ciência que desenvolveu antibióticos e cirurgias por videolaparoscopia.

Nenhuma dessas figuras históricas que por aqui passaram, desde 1288, poderiam saber quem ou sou. Igualmente, nenhum dos milhares de anônimos que estiveram neste hospital sabe de minha existência. Isso é impossível, até cronologicamente. Quem colocou o crucifixo na parede da enfermaria, algo que fez parte de meu consolo e das minhas reflexões, não sabia que eu iria passar por ali. Era um cristão falando do médico dos médicos, ou talvez um operário ateu cumprindo ordens, não sei – fato é que a cruz está ali.

Mesmo agora, quase todos que passam por ali não me conhecem, só os que me atenderam. Um pequeno grupo desse enorme hospital cuidou deum brasileiro, misturando quatro idiomas e usando ChatGPT, falante, *troppo fragile*. Agora que parti, outros pacientes virão e, cedo ou tarde, eu evaporarei das suas memórias e serei tão somente uma diminuta e nanométrica parte daquelas paredes, e nada mais.

Contudo, eles não me conhecem, ou irão me esquecer, mas eu não: conheço-os, lembrarei deles sempre. Serei sempre grato. Todos, desde Beatriz, passando pelos pedreiros e Leonardo da Vinci, todos fazem parte das minhas paredes. Por isso, sou grato.

Obrigado, *Ospedale Santa Maria Nuova*.

Obrigado, todos que fazem parte dessa história.

AGRADECIMENTOS

EQUIPE ITÁLIA

TIME VERDE: Dr. Emanuele Soricelli, Dra. Maria Laura, Dra. Laura, Dr. Mauro Marzano, Dr. Quartanaro e outros dos quais não sei o nome.

TIME BRANCO / AZUL E BRANCO: Francesca, Constanza, Marzcia, Giucy, Pauline, Marta, Ginevra, Silvia, Kesyana, Ione, Manila, Jonida, Sara e outras das quais não sei o nome.

TIME LARANJA: Yago e outros dos quais não sei o nome.

TIME INTERNO: Equipe dos exames clínicos, tomografia, parte administrativa, limpeza etc.

TIME DIVINO / *GOD'S TEAM*: Irmã Alessandra e Padre Raul.

TIME GASTRONÔMICO: *Chef* Simone Corrias, da *Osteria Baco*, de Roma, que ajudou na entrega da carta ao vizinho.

AGRADECIMENTOS

EQUIPE BRASIL

Nayara Pontes Pimentel e nossos três filhos.

Pastores do Brasil e, sem qualquer desprestígio aos demais, destaco os pastores Jorge Linhares, Missionário R. R. Soares, Pr. Fabrini Viguier e Peter Esteves.

Arcebispo Dom Orani Tempesta e padresNelson Águia e Vítor Pereira.

Médicos, Dr. Célio Cortinhas, Dr. Conrado Cavalcanti, Dr. Abouch Valenty Krinchantowsy e Dr. Felipe Soeiro

Amigos, familiares, alunos, leitores e seguidores nas redes sociais.

Zenóbio, que passou pela mesma cirurgia de emergência há cerca de um mês e foi me dando *spoilers* e narrações do que estava por vir.

EQUIPE BRASIL/ITÁLIA

Chef Rudinei Paludo e *Chef* Bruno Marasco, que disponibilizaram apoio de amigos e parentes na Itália.

- Bruno Marasco contatou o seu tio, médico muito respeitado na Itália. Não cheguei a precisar desse apoio, mas ele estava lá, caso fosse necessário.
- Rudinei Paludo me ajudou, especialmente, após meu regresso ao Brasil, fazendo com que a "*Carta ao meu Vizinho*", que consta aqui, chegasse ao seu destinatário. Fez isso por intermédio de um amigo de Roma (*chef* Simone Corrias, da "Equipe Itália"), que acionou amigos dele de Florença, e estes foram ao hospital para entregar a carta.

EQUIPE UNIVERSAL,

presente em todos os lugares

Agradeço a Deus Pai, Deus Filho e Deus Espírito Santo.

Anotações

Anotações

Anotações

Contato com autor

williamdouglas.com.br

@williamdouglas

EDITORA IMPETUS

www.impetus.com.br